Johannes Lenz

Die neue Beichte

Eine Einführung in das Sakrament

Urachhaus

Johannes Lenz

Die neue Beichte

Eine Einführung in das Sakrament

Urachhaus

ISBN 978-3-87838-388-8
2. Auflage 2012 erschienen im Verlag Urachhaus
www.urachhaus.de

Gesamtherstellung: AALEXX Buchproduktion GmbH, Großburgwedel

Inhalt

Einleitung 7

Zur geistigen Situation der Zeit –
ein Exkurs 11

Erinnerung und Beichte 17

Vorgang der Beichte 21

Voraussetzungen zur Beichte 23

Rhythmus der Beichte 27

Beichte und Kommunion 31

Die Menschenweihehandlung
und die Sphäre der Beichte 33

Beichte und Mitgliedschaft 43

Die letzte Beichte –
Die Beichte und das Sterben 47

Schuld und Vergebung 51

Das Sakrament der Liebe 57

Anmerkungen 61

Einleitung

Auf den Gongschlag genau hat das 20. Jahrhundert mit der Begründung einer neuen Wissenschaft von der Seele begonnen. 1900 erschien das Buch »Die Traumdeutung« von Sigmund Freud (1856–1939). Eine Schicht menschlicher Seelenerlebnisse wurde neu entdeckt. Freud begründete die theoretische und praktische Psychoanalyse.

Damit entwickelte sich für unsere Zeit vorrangig die Methode der Analyse: der fragenden Zergliederung und Auflösung durch das Wort des Arztes, die zur klaren Diagnose, aber seltener zur Therapie führen kann. Mannigfache Seelenforscher folgten, Schulen entstanden, Fehden wurden ausgetragen.

Obschon es auf diesem Gebiet eine rasante Entwicklung gegeben hat, haben im letzten Drittel des vergangenen Jahrhunderts die Sorgen und Ängste, die seelischen Hürden und Hindernisse, die lähmende Macht innerer Ohnmacht, die Lebensnot und das Zweifeln bis zum Verzweifeln am Sinn des Lebens unaufhaltsam zugenommen. Wer heute tiefer schaut, sieht das unendliche Leid, das im Inneren der Menschen durchlitten wird und von da aus übergreift auf das äußere Schicksal. So spricht der bekannte Seelenarzt V. Frankl (1905–1987) von der noogenen Neurose, einer Neurose, die damit zusammenhängt, dass der Mensch im »existenziellen Vakuum« lebt und nicht mehr teilhat am Sinn des Lebens. Heilung aber setzt die Sinnfindung für das Leben voraus. – Wo ist Ausgeglichenheit, Ruhe, Harmonie? Wo ist Friede?

Ein Mangel an Liebe ist letztlich die Ursache unzähliger Entbehrungserlebnisse und Nöte des Menschen. Sie sinken allmählich aus dem Erfahrungsbereich der Seele in Lebensstimmung und Lebensempfindung, bis sie zu Erscheinungen der Schwäche und Erkrankungen des Leibes führen. Der Mangel an Liebe kann schon beim nicht-gewollten und nicht-geplanten Kind in der Erwartungszeit einsetzen, mehr noch in den ersten Wochen und Monaten seines Erdenlebens. Ein Mangel an wärmender, umhüllender und bergender Zuneigung durch Mutter und Vater führt zu einem Mangel, der sich später im Leben, vielleicht erst im Alter zeigt. Aber auch der alleinlebende, isolierte, vereinsamte und alte Mensch, der bitter klagt, dass sich niemand um ihn kümmert, entbehrt der Zuwendung. Es fehlt ihm das Gespräch, ein offenes Ohr, eine helfende Hand, verbunden mit einem warmen Herzen. Auch die Probleme und Konflikte in den Ehen der Gegenwart lassen sich auf den Nenner bringen, dass ein Zuviel an Egoismus ein Zuwenig an Liebe überwiegt. Der Mangel an Liebe ist die Grundursache für die Not in der Gegenwart.

Dieser Mangel hat wiederum seine Ursache darin, dass die Liebe zu wenig gelernt und zu wenig erübt wird. Beim Handwerk des Schusters setzen wir drei Jahre Lehrzeit voraus. Bei einer Ehe meinen wir, das Zusammenleben ungelernt leisten zu können, um eines Tages mit Schrecken zu entdecken, wie wenig bindende Kraft der Liebe zwischen den Menschen waltet. Die Sonntagshandlung für die Kinder[1] spricht die Tatsache aus, dass Leere entsteht, wenn keine Liebe waltet. Und dass Christus der Lehrer der Menschenliebe ist. Er lehrt die Liebe. Das heißt aber für uns Menschen, dass wir Lernende sind, Schüler, die in der Schule des Lebens allmählich erst lernen, was wirkliche Liebe ist und wie sie geübt und gepflegt werden kann.

In dem Organismus der sieben Sakramente der Christengemeinschaft, die 1922 dem 20. Jahrhundert und der Zukunft übereignet wurden, ist das Sakrament der Beichte helfend dem einzelnen Menschen, seinem Streben und seinem Ringen zugeordnet.

Während die Menschenweihehandlung als Gebet in der Gemeinschaft Gemeinde bildend und Gemeinde erhebend wirkt, hilft das Sakrament der Beichte dem Ich des Menschen. Die Vereinsamung und Isolierung vom Mitmenschen und der Welt, die den Zeitgenossen zum Psychoanalytiker führt, wird durch die Zuwendung zum Geist zu einer fruchtbaren und sinnvollen Lebenstatsache gemacht. Das Sakrament der Beichte stärkt dabei die Kraft und die innere Möglichkeit der einzelnen Seele. Es ist das Sakrament der Lebenshilfe und der Sinnfindung des Lebens. Im Folgenden sollen einige Gesichtspunkte dargestellt werden, die sich im bisherigen Werden der Christengemeinschaft durch die nunmehr neunzig Jahre ihres Wirkens ergeben haben.

Zur geistigen Situation der Zeit – ein Exkurs

Unsere Gegenwart ist unter anderem gekennzeichnet durch einen rasanten Fortschritt von Wissenschaft und Technik. Das schließt aber auch ein, dass die Möglichkeit des Denkens in Irrtümern und das Handeln im Sinne von Fehlhandlungen ungeheuer angewachsen sind.

Das alte Bild des von Gott geschaffenen Menschen, der ein Ebenbild Gottes sein kann, dann sein Fall, der Verlust seiner Gottesverbundenheit und Gottesnähe, ist weitgehend dem naturwissenschaftlichen Bild vom Menschen gewichen.

Charles Darwin (1809–1882) hat nach sorgfältigsten Beobachtungen und Studien der Natur die Evolution in die Mitte des theoretischen Denkens gerückt. Er hat aber auch den Menschen, der selbstverständlich eine Verwandtschaft zum Tier hat, als Krone der Schöpfung in das Reich der Tiere eingegliedert. Er hat den Kampf ums Dasein und das Prinzip der Selektion zu wissenschaftlichen Thesen erhoben. Übertragen auf das Gebiet des Menschen, hat dies zu furchtbaren Folgen geführt:

»Bei den Wilden werden die an Geist und Körper Schwachen bald beseitigt … Auf der anderen Seite tun wir zivilisierte Menschen alles nur Mögliche, um den Prozess der Beseitigung aufzuhalten. Wir bauen Zufluchtsstätten für die Schwachsinnigen, für die Krüppel und die Kranken; wir erlassen Armengesetze, und unsere Ärzte strengen sich an, das Leben eines jeden bis zum letzten Moment zu erhalten. Es ist Grund vorhanden anzunehmen, dass die Impfung Tausende erhalten hat, welche in Folge ihrer schwachen Konstitution früher den Pocken erlegen wären ... Niemand ... wird daran zweifeln, dass dies für die Rasse des Menschen in höchstem Maße schädlich sein muss«.[2] Mehr noch: Anerkennend wird von Darwin erwähnt, dass die Spartaner »eine Art Selektion« betrieben hätten, indem sie nicht lebenstüchtige Neugeborene »dem Tode überlassen« hätten.[3]

Die Rasse des Menschen, die Schädlichkeit menschlichen Verhaltens, das Ausscheiden lebensuntüchtigen Lebens zieht in das wissenschaftliche Denken ein. Der »Urvater des Darwinismus« in Deutschland (s. Bauer), der Zoologieprofessor Ernst Haeckel (1834–1919) in Jena, verbreitete die neuen Erkenntnisse in wohlfeilen Schriften. Er sorgte sich darum, dass die Medizin und die sozialen Einrichtungen dem Gedanken der Selektion zuwiderlaufen und die Degeneration der Bevölkerung begünstigen würden. Er befürwortete die Tötung (Euthanasie) von nicht gesunden Neugeborenen, am bestem »mit einer kleinen Dosis Morphium oder Zyanid.«[4]

Der Mediziner Ludwig Büchner (1824–1899) wurde durch sein Hauptwerk »Kraft durch Stoff« (1856) berühmt. Sein Wort »Das Individuum ist nichts, die Art ist alles« wurde im Nationalsozialismus – etwas verändert – zum Motto.

Der Münchner Mediziner Alfred Ploetz (1860–1940) gründete 1905 die »Deutsche Gesellschaft für Rassenhygiene«, die das rassenbedingte Denken in Deutschland gewaltig beeinflusste.

Der Medizinprofessor Max von Gruber lobte 1909 den niemals endenden Kampf, da er »die Missgebildeten, die Schwachen und die Minderwertigen« beseitige. Der Schweizer Psychiatrieprofessor Auguste Forel (1848–1931) erklärte das Leben von psychisch Kranken und »erblichen Verbrechern« als nicht lebenswert. Die Einstellung, Behinderte am Leben zu erhalten, betrachtete er als »überkommene Moral«.

Es waren ausgerechnet Naturwissenschaftler und Mediziner, die in den Jahrzehnten vor den zwei Kriegen die ethischen Grundlagen umstülpten und teilweise die verheerenden ideologischen Grundlagen der menschenvernichtenden Diktaturen von Adolf Hitler, Josef Stalin und Mao Tse-tung schufen.

Im einseitigen Denken und Fehlen eines tragfähigen Bildes vom Wesen des Menschen entstehen in vielen Einzelnen die Voraussetzungen für die Lasten von Schuld, die Völker auf sich laden. Es gibt keine Kollektivschuld. Aber es gibt das Zusammenwirken der Gedanken und Taten vieler einzelner Menschen, die den Urgrund in Gott verloren haben und den Menschen ausschließlich von der Seite des Stoffes, der Materie, des Tieres her denken. Während der Einzelne sich auf »die Wissenschaft« beruft und sich gegen Ethik und »überkommene Moral« wendet, wurden die Menschen vieler Völker in die beiden Weltkriege und viele weitere Kriege seit 1945 hineingerissen, und die Schuldenlast der Menschheit wächst ins Gigantische. Dabei ist die Verantwortung vor dem Leben der Erde als einem lebendigen Organismus noch gar nicht mit einbezogen.

Lebendiges Christentum steht heute vor der Aufgabe, ein Menschenbild zu errichten und zu pflegen, in dem die Tatsachen der Natur und die Tatsache des Geistes zusammengeschaut werden.

Fast gleichzeitig zu Darwin und Haeckel wurden bereits die Grundlagen zu diesem Menschenbild gelegt: 1860 veröffentlichte Immanuel Hermann Fichte (1796–1879), Professor für Philosophie, Sohn des Philosophen Johann Gottlieb Fichte (1762–1814), ein grundlegendes Werk zur Menschenkunde: »Anthropologie. Die Lehre von der menschlichen Seele. Neubegründet auf naturwissenschaftlichem Wege für Naturforscher, Seelenärzte und wissenschaftlich Gebildete überhaupt.« Es gipfelt in dem Resultat des Abschnittes 270:

»Aber schon die Anthropologie endet in dem von den mannichfaltigsten Seiten her begründeten Ergebnisse, dass der Mensch nach der wahren Eigenschaft seines Wesens, wie in der eigentlichen Quelle seines Bewusstseins, einer übersinnlichen Welt angehöre.«

Die Zusammenfassung mündet in das Ergebnis seiner Menschenkunde. »Diese gründliche Erfassung des Menschenwesens erhebt nunmehr die ›Anthropologie‹ in ihrem Endresultate zur ›Anthroposophie‹; denn als ›Weisheit‹ ist man wohl berechtigt die Erkenntnis anzusprechen, welche demjenigen, was sich zunächst als ein Sinnliches und Vergängliches bietet, den Charakter innerer Ewigkeit und Übersinnlichkeit vindicirt ... So vermag endlich die Anthroposophie an sich selbst nur in Theosophie ihren letzten Abschluss und Halt zu finden. Indem der Mensch sein Ewiges erfassen will, kann er es nur in Gott erfassen. Diese Selbsterfassung jedoch wird ihm zugleich eine objektive Quelle zur Erkenntnis Gottes.«

Gleichzeitig etwa wirkt der Naturwissenschaftler und Arzt Carl Gustav Carus (1789–1869), der nicht nur die

Frauenheilkunde – Gynäkologie – begründet, sondern am Anfang einer spirituell orientierten Medizin steht. Prof. Volker Fintelmann hat ein Buch über Carl Gustav Carus herausgegeben.[5] Fintelmann selbst hat unter dem Thema »Intuitive Medizin. Anthroposophische Medizin in der Praxis«[6] diesen Impuls in die Gegenwart fortgesetzt. Carus hielt 1829/30 in Dresden »Vorlesungen über Psychologie« und hat damit an einer Seelenkunde mitgewirkt, die das Ewige des Menschen, seinen Geist, einschließt.

Die »Anthroposophie« als geistgemäße Menschenkunde liegt also in der Konsequenz des mitteleuropäischen Geisteslebens. Das Fortbilden und Ergänzen der Naturwissenschaft zu einer Geisteswissenschaft vollbrachte Rudolf Steiner (1861–1925). Er schuf die Erkenntnisgrundlagen für die Erneuerung der Medizin. Er half auch von 1921–1924 entscheidend bei der Gründung der Christengemeinschaft, die seit 1922 weltweit ihr christliches Wirken entfaltet. Neben der Priesterweihe für Frauen und Männer steht die Menschenweihehandlung als Sakrament inmitten des Lebens einer Gemeinde, und das Sakrament der Beichte als grundlegende Hilfe und Stärkung für den Einzelnen, der an seiner Christwerdung bildet.

Das Johannes-Evangelium schildert im 3. Kapitel bei der nächtlichen Begegnung mit Nikodemus – dem Überwinder des Volkshaften, Völkischen – die Wiedergeburt. »Wer nicht von oben neu (wieder) geboren wird, kann das Reich Gottes nicht sehen« (Johannes 3,3). Das Sehen – *idein* – und Denken des Gottesreiches und das Hineingelangen ist nicht eine Frage der Geburt und damit des natürlichen Menschen, sondern eine Frage der

Wiedergeburt, der Neugeburt eines Christenmenschen aus dem Geist heraus. Aus »Überzeugung« kommt ein Christenmensch im natürlichen Menschen zur Welt. Überzeugung mit Empfangsfähigkeit dem Geist gegenüber bildet den Anfang. Daraus wird Gotteskindschaft. Das Neue Testament lässt keinen Zweifel daran, dass aus dem Gotteskind ein Gottessohn werden soll (Bergpredigt, Matthäus 5,9). Luther traut sich noch nicht zu übersetzen, was da steht: die Gottessohnschaft des Menschen.

Das Sakrament der Beichte beginnt mit dem Wort »Lerne« und hebt damit hervor, was notwendig ist und durch das Sakrament möglich wird: das Eintreten in einen Lernprozess des Christwerdens, das bewusste Ergreifen einer Lebensschulung, und damit eines stetigen Vorangehens auf einem Weg, der letztlich Christus selber ist. »Ich bin der Weg« (Johannes 14,6), der zur Wahrheit und in die Mitte des Lebens führt.

Erinnerung und Beichte

Kleine Kinder leben ganz in der Gegenwart. Sie schauen nicht auf die Zukunft. Sie gehen nicht in Gedanken in die Vergangenheit. Der Augenblick ist es, den sie lebendig ergreifen. Je mehr aber der Mensch »zur Welt kommt«, in die Welt eintritt, umso mehr kommt er in Raum und Zeit an. Erst mit der Erdenreife um das vierzehnte Jahr tauchen Geist und Seele des Heranwachsenden voll in den Strom der Zeit ein. Früher bekam das Kind zu diesem Alter eine Uhr geschenkt. Der Zeitmesser, der im Kreisen des Zeigers um die Mitte herum auf die zwölf Zahlen deutete, war noch ein Abbild des Laufes der Sonne durch die Zeichen des Tierkreises. Er bildete die Zeit im Raume ab. Heute erhält das Kind viel früher seine Uhr, weil Schulstunden, Verkehrszeiten, Takt und Technik früher, als es sinnvoll und gesund ist, das Kind in die Zeit, in den Tag und die Stunde, Minute und Sekunde hereingezogen haben.

Entwickelt sich der Rhythmus der Lebensstufen auch lebensgemäß, dann entfaltet sich zur Zeit der Erdenreife die Erinnerung ganz. Zunächst ist sie vielleicht mehr raumgebunden und taucht nur dann auf, wenn man wieder vor einem Menschen steht, den man früher sah, oder sie wird wieder lebendig, wenn man an einen Ort zurückkehrt, den man früher schon kannte. Das Denkmal ist ein Zeichen, an dem die Erinnerung einschießen soll. Allmählich löst sich die Erinnerung vom Räumlichen.

Sie wird zur Fähigkeit, in der Zeit zurückzuschwingen und einst Erlebtes wieder in das Bewusstsein heraufzuholen. Damit wird auch verinnerlicht, was einmal in der Wechselwirkung von Ich und Welt, von Innen und Außen Erlebnis war. Eine lebendige Erinnerung bereichert die Seele. Sie schenkt Erlebnisfülle. Je farbiger, je plastischer, je deutlicher die inneren Bilder der Erinnerung vor dem Geiste stehen, umso reicher und intensiver wird diese Fülle sein. Selbst ein Gefangener in seinem Lager oder seiner Zelle wird dann von dieser Fülle zehren können. Er vermag die Bilder des früheren Lebens in der Freiheit in sich heraufzurufen und macht sich dadurch auch als Gebundener wenigstens nach innen frei.

Das Vermögen einer gesunden Erinnerung schenkt Festigkeit des Ich. Die Persönlichkeit, die in der Zeit lebt, wird durch die Kontinuität der Erinnerung gestärkt und erkraftet. Ist die Erinnerung geschwächt oder lückenhaft, dann mangelt dem Ich etwas von der erlebten Fülle. Die Seele wird ärmer und der Geist schwächer.

Die Übung der Erinnerung gehört zu den Aufgaben, die sich ein moderner Zeitgenosse stellen kann.

Wie schön, wie lehrreich, wenn einer aus dem Reichtum seiner Erinnerung erzählt. Wie wichtig, wenn eine Großmutter und ein Großvater Kinder und Enkelkinder teilnehmen lassen an dem Quell ihres Erinnerungslebens. Nicht mehr abgelenkt durch Pflichten und Beruf, wendet sich das Leben des alternden Menschen wieder mehr nach innen. Erinnerung wird zur natürlichen täglichen Übung, Erinnerung wird mehr und mehr zu einem wesentlichen Teil des Erdenlebens überhaupt, ergänzt und erweitert durch den hoffenden Vorblick auf die menschliche und geistige Zukunft. Die Erinnerung wird zu einem bewussten In-sich-Schauen und ergänzt das Um-sich-Schauen, das in der Lebensmitte auf seinem Höhepunkt war.

Manche fassen dann ihre Erinnerungen zusammen. Sie schreiben Memoiren. Unendlich viel ist aufgezeichneten Erinnerungen zu danken, aus denen die Lebensbilder, die Biografien bedeutender Menschen erstehen. Was ein Menschen-Ich in der Zeit erlebt hat und wie es über die Ewigkeit denkt, erfährt der Lesende dankbar.

Wie aber, wenn die Erinnerung heraufgehoben wird in das Moralische? Denkt einer den Lauf eines Tages durch, erinnert er sich an das Erlebte, lebt er dann im Inneren, so kann als freie Tat des sinnenden Menschengeistes die Frage hinzutreten: War das wahr? War das Lüge? War das gut? War das schlecht? Der Wanderer mag gern eine Anhöhe aufsuchen, um von dem erhöhten Ort aus einen besseren und weiteren Blick in die Landschaft zu senden. Er ist dankbar für die anderen Proportionen, die neue Perspektive, die Gliederung und dafür, dass Großes klein wird und Unbedeutendes bedeutend erscheinen kann. So kann die Erinnerung heraufgehoben werden zum Ort moderner Moralität. Das Ich fragt sich im Durchwandern der Landschaft der Erinnerung, wie sich das alles von höherer Warte ausnimmt. Was war wichtig? Was war unwichtig? Wie nimmt es sich einem Ideal des Guten und Wahren gegenüber aus? Mit der Frage nach dem Guten, Wahren und Sinnvollen legt sich der Mensch Rechenschaft ab über das, was er dachte, fühlte und tat. Er verbindet nicht nur das Leben in der Erinnerung immer mehr mit sich selbst, er bildet auch Urteile über sein Denken und Handeln.

Die heutige Psychologie spricht von »Verdrängung«. Sie bezeichnet damit einen unbewussten Willen, sich an etwas nicht erinnern zu wollen. Das Erlebte soll »verdrängt« werden. Es soll nicht da gewesen sein. Die Person ist ein wenig eitel, sie möchte anders gewesen sein, als sie tatsächlich war.

Die durchchristete Erinnerung ist das Gegenteil von Verdrängung. Sie hebt in das Licht des Geistes und die Wärme des moralischen Empfindens herauf, was sonst absinken würde ins Unbewusste. Dort müsste es rumoren und eines Tages Störung des Wohlbefindens und schließlich Krankheit verursachen.

Durch einen Rückblick in die Zeit das verflossene Leben zu vergegenwärtigen, das macht nicht nur seelisch reicher, es ist seelisch gesünder und stärkt die Kraft der Persönlichkeit. Sie wird frei, sich Aufgaben der nächsten Zukunft zuzuwenden.

Soll nun der Rückblick in der Erinnerung, der mit einem Aufblick zur Sphäre des Moralischen verbunden ist, über den Einzelnen hinaus objektiv werden, dann ist das Sakrament sinnvoll. Die Erinnerung wird dann vor Christus er-innert. Die Moralität des Urteils schenkt sich im Lichte Christi. Die helfende Kraft, die dem Beichtsakrament innewohnt, eint sich dem Streben und Ringen der eigenen Seele.

Vorgang der Beichte

Wer das Sakrament der Beichte sucht, kann sich dazu mündlich oder fernmündlich bei einem Pfarrer der Christengemeinschaft anmelden. Ort und Zeit werden dann vereinbart. Zwischen dem gedanklichen Austausch im Allgemeinen mit dem Seelsorger, der auch zu einem solchen Gespräch gern bereit ist, und dem Beichtgespräch im Besonderen besteht ein deutlicher Unterschied. Bittet man um das Beichtgespräch oder die Beichte, dann findet das Gespräch und das Beichten von vornherein auf kultischem Niveau statt. Wer um das Sakrament nachsucht, gibt nur jenen Fragen und Sorgen in diesem Gespräch Raum, welche die Menschenseele gleichsam vor Gott aussprechen will. Sorgen und Nöte des alltäglichen Lebens, für die der Priester immer ein offenes Ohr hat, bedürfen nicht des kultischen Charakters.

Wer zum Empfang des Sakramentes der Beichte geht, darf die Empfindung haben: Die entscheidenden Lebensfragen, die das Ringen um mein Christsein und mein Christwerden betreffen, kann ich in der Beichte aussprechen. Ich erfahre dann nicht nur menschlich Tröstendes und Helfendes. Im Wort und Vollzug des Sakramentes selbst hilft mir Gott, hilft mir die Güte, Liebe und Stärke des Gottes, der selbst das Menschsein annahm, ein Erdenleben lebte und am Kreuz den Menschentod starb. Ihm ist nichts Menschliches fremd. – So gehört zum Vollzug der Beichte, dass im Allgemeinen zunächst der Beichtende spricht – sich ausspricht – und der Priester hört. Kulminiert die Beichte, dann hört der Beichtende, und der Priester spricht das sakramentale Wort: Sprechen und Hören im Namen Christi. Oder es ließe sich auch der Sinn der neuen Beichte so aussprechen: »Wenn zwei oder drei in meinem Namen versammelt sind, da bin ich mitten unter ihnen«(Matthäus 18,20). Das Gespräch angesichts einer höheren Gegenwart des Auferstandenen ist das innere Ziel des Vorgangs.

Im Grunde seiner Seele sehnt sich jeder Mensch nach solcher Aussprache. Erfahrene Ärzte berichten, dass sie zu mehr als zur Hälfte als Hörende, Anhörende gebraucht werden, um besonders tiefe Bedrängnisse, Lebensnöte, Sorgen und Klagen aufzunehmen, die oft als Hindernis der Seele auch einer Heilung des Leibes im Wege stehen.

Zum Vorgang der Beichte gehört dazu, dass der Priester Ornat trägt. Er ist gekleidet mit dem schwarzen Talar, dem weißen Chorhemd und trägt die Stola in der Farbe der Festzeit des Jahres.

Voraussetzungen zur Beichte

Die wirksame Beichte hat einige Voraussetzungen, die sich aus dem Leben mit dem Kultus der Christengemeinschaft ergeben.

Wenn sich die Gemeinde vor dem Altar versammelt, dann gehört es zu dem Aufblick zum Altar – »dem erhöhten Ort« –, dass auf das Bild des Auferstandenen geschaut wird. Das Bild deutet darauf hin, dass auf der anderen Seite des Altartisches ein Gegenüber ist. Der Altar ist Begegnungsstätte des Menschen und der Gemeinde mit Gott. Kann das Altarbild schon zeigen, was zu seinem inneren Sinn gehört, so entsteht im wahrnehmenden Menschen die Empfindung: Ich habe zum Gegenüber das Antlitz Jesu Christi. Das Auge Gottes ruht auf mir, wenn mein Auge sich ihm zuwendet. Das Ohr Gottes hört auf das, was inmitten der Gemeinde gesprochen wird. Das Beten der Menschen findet gleichsam »Erhörung«. Daraus wird eine dauerhafte Empfindung entstehen, dass das Leben überhaupt vor Gottes Auge gelebt wird. So bemerken wir ja, wenn wir etwas tun, von dem wir das im höheren Sinne Unmoralische, den Ausdruck einer Unwahrheit oder gar einer Lüge erkennen, dass sich in uns die Stimme des Gewissens hörbar macht. Die Stimme des Gewissens spricht aus dem Wesenszentrum des Menschen heraus. Wo wir sie nicht überhören, sondern anhören, tragen wir den Maßstab in uns, nach dem wir uns richten können. Ein Mensch wie Martin Luther, der Zeit seines Lebens mit dem Sakrament innig verbunden war, hat zuzeiten mehrmals am Tage die Beichte abgelegt. Er hatte die Empfindung, dass auch verborgene Gedanken und Seelenregungen vor Gott bestehen sollten oder mindestens der Beichte bedürfen, wenn sie abweichen und abirren von dem inneren Maßstab, den Gott durch das Gewissen in dem Menschen errichtet hat. So ist die eine Voraussetzung für die Beichte die Empfindung, dass ein Christenmensch sein Leben vor Gott lebt.

Zu einer zweiten Voraussetzung mag gehören, dass das Priestertum auf eine neue Weise anerkannt wird. Als Jesus Christus seine Wirksamkeit auf Erden einsetzte, begann er gleichzeitig Heilungstaten zu vollbringen. Das Evangelium schildert in vielen Szenen, wie kranke Menschen die Nähe Jesu, die Nähe des Heilenden, die Nähe des Heilandes suchten. Ob es der Aussätzige, der Gichtbrüchige, die fieberkranke Schwiegermutter des Petrus oder ob es die von Dämonen Besessenen sind, sie alle suchen die Teilhabe an der segnenden und heilenden Kraft seines Wesens. So hat das Heilen zum Hohenpriestertum Jesu Christi von den ersten Tagen seines Wirkens auf Erden an gehört. Das neue Priestertum, das Mann und Frau in gleicher Weise durch das Sakrament der Priesterweihe zuteil werden kann, trägt von Anfang an das Ideal in sich, durch die Seelsorge und das Beichtsakrament sündenheilend und helfend zu wirken. Dies kann nur eintreten, wenn von Seiten des Gliedes der Gemeinde, wenn von Seiten des Menschen, der die Beichte sucht, diesem Priestertum ein offenes Vertrauen entgegengebracht wird. So wie sich ein Patient in der Praxis eines Arztes nur dann ausspricht, wenn er zu dem Arzt auch ein wirkliches Vertrauen haben kann, so wird sich mit dem Hineinwachsen in eine Gemeinde in dem Gläubigen ein Vertrauen zu dem Priester bilden. Eines Tages wird es ihm möglich, sich zu erschließen. Der Vorgang, das eigene Leben in das Wahrnehmungslicht Gottes zu stellen und sich vor dem Priester in der kultischen Sphäre der Beichte auszusprechen, wird dann eins. Der Priester als Kultusträger hört ja nicht in einem nur persönlichen Sinne. Er neigt sein Ohr aus der Haltung heraus, dass der Priesterschaft im Ganzen und damit der Christengemeinschaft eine Substanz anvertraut ist durch das Sakrament, die unmittelbar mit Christus verbinden kann.

Eine weitere Voraussetzung gehört zum Beruf des Pfarrers. Es ist die Pflicht des Priesters, dass er das Schweigen übt. Er ist sich bewusst, dass es zu den Idealen seiner Aufgabe gehört, einen Raum des Schweigens zu erzeugen, eine hütende und schützende Sphäre zu bilden, in der ein Mensch sich voller Vertrauen aussprechen kann. Der Priester unterliegt wie der Arzt nach dieser Seite einer Berufspflicht. Diese Berufspflicht wird sogar von den Gesetzgebungen vieler Länder anerkannt; was ein Mensch in der Beichte dem Priester anvertraut hat, kann nicht – auch nicht vor Gericht – ausgesprochen werden, ohne dass der Betreffende selbst den Priester von der Schweigepflicht entbindet. Es kann allerdings im Zusammenwirken von Arzt und Priester zugunsten eines Mitgliedes und Patienten eine Hilfe sein, wenn der Patient den Arzt von der Schweigepflicht dem Priester gegenüber entbindet und umgekehrt das Gemeindemitglied den Priester freigibt, mit dem Arzt sich auszutauschen, damit in Gemeinsamkeit aus einer neu ergriffenen Pastoralmedizin heraus Rat und Hilfe für Krankheit und Schicksal gesucht werden. In jedem Falle muss von dem Patienten zum Arzte hin und von dem Gemeindemitglied zum Pfarrer hin dies ausdrücklich erbeten werden.

Eine entscheidende Voraussetzung zur heilsamen Auswirkung der Segenskraft dieses Sakramentes ist, dass es in der Lebensluft innerster Freiheit lebt. Schon wenn ein Mensch die Empfindung hat, er müsse beichten oder es sei eine Pflicht, zu beichten, und er es nur tut, um einer Pflicht oder einem Gebot Genüge zu leisten, ist ein wesentliches Element für die Segenswirkung dieses Sakramentes entzogen. Was wir in der innersten Freiheit suchen, entspricht auch der innersten Würde des Menschen und kann damit zur Hilfe und Förderung gedeihen. Was nur aus Pflicht getan wird, ist schon weniger. Was nur aus einer selbst verordneten Haltung entstammt, bei der man gleichsam Gewalt an sich legt, wird nicht zum Segen gereichen. So wie eine Pflanze aus sich heraus und gemäß ihrem eigenen Lebensrhythmus wächst, wenn die Bedingungen der Erde und des Himmels für sie günstig sind, so wird die innere Freiheit des Menschen heranreifen, sodass er aus Einsicht die Bedeutung und Kraft des Beichtsakramentes kennenlernt und anerkennen wird, bis es ihm zum Ausdruck der Gottesliebe wird.

Rhythmus der Beichte

Reift die religiöse Überzeugung eines Menschen zu einem wirklich religiösen Leben heran, dann zeigt sich die lebensstärkende und lebensfördernde Kraft des Rhythmus. Kinder, welche die Sonntagshandlung – den Gottesdienst für ihr Lebensalter vom siebenten bis zum vierzehnten Lebensjahr – besuchen, werden nur dann eine dauernde, bleibende Lebenshilfe erfahren, wenn sie an jedem Sonntag, wenigstens einem sonstigen strengen Sonntagsrhythmus, die Seele in Andacht zu Gott erheben. Auch von dem Quellort des religiösen Lebens für den Herangewachsenen – der Menschenweihehandlung[7] – fließt von Sonntag zu Sonntag, von Festkreis zu Festkreis der Zeitenkreis eines ganzen Jahres.[8] Der Mitfeiernde vereint sein Leben mit dem Leben, das Christus im Altarsakrament der Gemeinde zuströmen lässt. Der Rhythmus entfaltet der lebensbedrohenden Arhythmie unseres beruflichen Alltags gegenüber seine heilende, segnende Kraft und bewirkt damit das innere Gleichgewicht für den Menschen.

Die Beichte hat einmal den Charakter, dass sie »Lebensbeichte« sein kann. Dazu ist oft das Bedürfnis am Anfang eines neuen Weges vorhanden, wenn etwa der Entschluss zur Mitgliedschaft in der Christengemeinschaft reift. Auch eine schwere Schicksalsstunde kann zum Anlass werden. Die Fragen und Probleme des natürlichen Menschseins, die Hoffnungen und Ziele für das übernatürliche Menschsein im Sinne der Christwerdung des Menschen können Inhalt eines solchen Beichtgespräches sein. Darf der Seelsorger dann einen Überblick über das Leben in seinen wichtigen Etappen hörend aufnehmen, so wird er Rat und Hilfe gewähren können aus dem wirklichen Kennen des Menschen heraus. So liegt es in der Natur der Sache, dass eine solche Lebensbeichte einzigartigen Charakter hat. Sie schenkt sich dann, wenn die Stunde dazu reif ist. Sie ergibt sich, wenn der Wille zum Vorankommen und zum Überwinden stark genug geworden ist. Die Beichte wird aber aus sich heraus nach einem Rhythmus suchen. Will man seine Lebensführung in ein höheres Licht stellen, dann tut man gut, die Etappen der zurückgelegten Wegstrecke nicht zu lang werden zu lassen. Der Rückblick durch die geübte und ausgesprochene Erinnerung, der Aufblick zu der geübten und gesuchten Rechenschaft im moralischen Sinne wird von selbst eine Gliederung des Zeitenlaufes bringen. Es hat sich für manche bewährt, viermal im Jahr die Kraftstärkung durch das Sakrament zu suchen; andere bedürfen in bestimmten Abschnitten des Lebens monatlich oder zu jeder Festzeit der Hilfe.

»Wer vom Ziel nicht weiß, / kann den Weg nicht haben, / wird im selben Kreis / all sein Leben traben ...«, sagt Christian Morgenstern. Wer eine Wanderung macht, ist dankbar, von Zeit zu Zeit einen Wegweiser zu finden, der ihm anzeigt, wie weit er schon gegangen, dass er noch auf dem richtigen Wege ist und in welcher Richtung es weitergeht. Er wird mit mutigem und frischem Schritt ausholen und auf sein Ziel zuschreiten.

Den Segen dieses Sakramentes durch Rhythmus und Wiederholung zu erfahren, setzt eine offene Seele voraus, die bereit ist, neue Erfahrungen zu machen. Es bedarf einer Initiative, die sich mit zielendem Willen verbindet. Da es im menschlichen Sinne keine Pflicht, kein Gebot, kein Gesetz dafür gibt, weil hier der Geist und die Lebensluft der Freiheit wehen, ist es manchmal schwer, die Freiheit zu solcher positiven Entscheidung zu erlangen.

Beichte und Kommunion

Die Menschenweihehandlung wird inmitten der Gemeinde gefeiert. In ihrem Namen klingt als eine Seite ihres Wesens herein, dass Menschen zu einer Weihehandlung zusammenkommen. Es ist ein Ereignis inmitten der Gemeinschaft. Sie bildet und bewirkt Christengemeinschaft.

Ihr polar gegenüber steht die Beichte. Sie ist das Sakrament für den Einzelnen. Sie stärkt und hebt das Ich heran. Sie schafft und bildet an den Voraussetzungen, angemessen und würdig an der Weihehandlung teilzunehmen.

Wenn die Weihehandlung nicht nur für den Einzelnen, auch nicht nur für die Gemeinde, sondern durch die Gemeinde für Gott, für die Menschheit im Ganzen, für die Lebenssphäre der Erde da ist, so bedürfen wir Menschen der Vorbereitung.

Ist sie Opferhandlung, dann brauchen wir uns selbst als opferfähige und opferbereite Menschen. Ist sie das Geheimnis der Wandlung, dann sollte der Teilnehmende von Mal zu Mal ein wenig mehr berührt sein von der Kraft, sich selbst zu wandeln. Ist sie und mündet sie ein in die Kommunion, die Vereinigung des Menschen, geistig, seelisch und leiblich, mit Christus – dann sollte der Mensch dazu bereitet sein, wie es das Gleichnis von den fünf klugen und fünf törichten Jungfrauen (Matthäus 25,1ff.) erzählt. Er sollte seine Lampe, die

Leuchtkraft seines wahren Ichs, das Lichte und Leuchtende, das Helle und Strahlende seines höheren Wesens mit Nahrung – Öl – versorgen und bereit haben in allen Dunkelheiten des Lebens. Das Kultische bereitet das »Öl«. Denn das Gleichnis sagt auch das Rätselhafte aus, dass Christus nur jenen Menschen kennen, erfahren und unterstützen kann, der zur Vereinigung, zur Kommunion, zur *unio mystica* bereit und vorbereitet ist. Das Sakrament der Beichte fördert und stärkt die Vorbereitung auf die Kommunion. Es ist auf die Weihehandlung bezogen. Wie das Leben des Einzelnen zwischen den Polen »Ich« und »Wir«, dem Einzelnen und der Gemeinschaft hin und her schwingt und das rechte Alleinsein und das befruchtende Zusammensein mit anderen zur Ganzheit dazu gehört, so ergänzen sich Beichte und Weihehandlung. Das eine stärkt das Ich, das andere die Gemeinschaft.

Wird das Kommunizieren zur guten Gewohnheit des Mitfeiernden, dann sorgt die Beichte dafür, dass es keine bloße »Gewohnheit« wird. Das Einmalige, Besondere, Große der heiligen Vereinigung des menschlichen Bewusstseins, der Seele und des Leibes mit Leib und Blut Christi durch Brot und Wein wird durch die immer neu geübte, im Rhythmus vollzogene Beichte zur wirksamen Lebenskraft höherer Art.

Die Menschenweihehandlung und die Sphäre der Beichte

Wir Menschen der Gegenwart vertragen nicht mehr, moralisch unmittelbar angesprochen zu werden. Während das Kind im bestimmten Lebensalter das »Du sollst nicht« noch aufnimmt und hört, wenn es von liebenden Eltern mit Autorität gesagt wird, bäumt sich der Jugendliche innerlich dagegen auf. Er möchte selbst finden und entscheiden. Er sucht den Maßstab in sich selbst, nicht im Gesetz von außen. Der Geist der Bergpredigt, der in den Worten anklingt: »Zu den Alten ist gesagt: Du sollst nicht …, ich aber sage euch …« (Matthäus 5–7), ist in den Tiefen der Seelen schon allgemein menschliche Sehnsucht geworden. Diesen Maßstab können wir erfahren, indem wir eintauchen in die Weihehandlung wie in ein »Bad der Wiedergeburt«, von dem Paulus in seinem Brief an Titus (3,5) spricht.

Erst wenn sich ein neues Ideal des Menschentums im Aufblicken zu Christus bildet, lernen wir empfinden, dass wir dem Ideal nicht entsprechen. Erst wenn die Höhe des Menschseins wieder die Höhe des Ebenbildes Gottes erreicht, kann der Zeitgenosse den Grad des Gefallenseins ermessen. Der Bergsteiger erfährt die volle Tiefe erst, wenn er die Höhe erklimmt. Die Sünde und Moral zu predigen kann ein Beitrag zur Schwächung des Menschengeschlechtes sein, wenn nicht auch die heilende und helfende Kraft dessen vermittelt wird, der sich mit Sündern und Zöllnern zum gemeinsamen Mahle verband (Matthäus 9,10ff.). Im Allgemeinen weiß der sich selbst befragende und kritisch beurteilende Mensch recht gut, wie es in Wahrheit um ihn bestellt ist Aber hat er und kann er das Vertrauen haben, dass seine Kirche nicht nur Sündenbewusstsein predigt und Moral fordert, sondern auch die helfende, heilende und überwindende Kraft Christi in ihrem Lebensraum erfahrbar wird?

Die Menschenweihehandlung beginnt mit dem Impuls, »würdig« das gemeinsame Werk zu verrichten. Das heißt nicht nur, dass der Weiheraum und das ganze Erscheinungsbild des Kultus so würdig wie möglich gestaltet ist. Der teilnehmende Mensch selbst trägt – nicht nur im Sinne des Grundgesetzes – eine unantastbare Menschenwürde als göttliche Mitgift in sich. Er ist auch bereit, an dieser »Würde« seines Menschseins zu bilden, sie zu üben und weiter zu entfalten. Nietzsche, der erst an das Christentum glauben wollte, wenn die Christen »erlöster« aussähen, trug, wenn auch verborgen, die Hoffnung in sich, dass die Würde des Christenmenschen etwas ausstrahlen müsse von der Erfülltheit mit Dem, der das höchste Menschentum auf Erden dargelebt hat und der in den verborgenen Tiefen des Menschen gegenwärtig ist. Die Würde des Christentums, die Würde Jesu Christi strahlt auf die Menschenwürde über.

Der erste Teil des Gottesdienstes beginnt mit der Vorbereitung zur Verkündigung des Evangeliums. Bevor das Gotteswort erklingt, bedarf es der Reinigung des Menschenwortes. – Der Arzt und Dichter Gottfried Benn (1886–1956) kommt dieser Notwendigkeit entgegen, wenn er sagt, dass Gott im ersten Vers etwas anderes sei als Gott im letzten Vers. Soll das Wort nicht leere Hülse und Phrase sein, bedarf es seiner inneren Aufnahme und wachsenden Erfüllung. Sinn, Fülle und Kraft müssen sich den Lauten des Wortes verbinden.

Das Motiv der Reinigung und Reinheit, der Katharsis, verbindet sich dem Motiv der Würde. Ziel und Methode, Würde und Reinigung, klingen anfangsweise in der Beichtsphäre des Altarsakramentes auf.

Im zweiten großen Schritt der Weihehandlung – der Opferung – enthüllt sich deutlicher, wie es um den Menschen bestellt ist. Er bekennt sich als ein Geschöpf Gottes, das noch unwürdig ist. Im naturkundlichen Sinne ist der Mensch die Krone der Schöpfung. Er ist das Evolutionsziel der sichtbaren Welt. Aber so, wie er der Höchste in den vier Seinsreichen der sichtbaren Welt ist, die sich in hierarchischen Stufen vom Mineralischen über das Pflanzen- und das Tierreich bis zum Menschen hin erhebt, so ist er vor Gott Geschöpf.

Er bildet den Übergang zu den Hierarchien – den himmlischen Wesen –, die über dem Menschen stehen und wirken.[9] In ihm erfolgt der Übergang von der sichtbaren zur unsichtbaren Welt. Er steht zwischen den Tieren, dem Reich unter ihm, und den Engeln, den Reichen über ihm. An großen und einmaligen Menschen kann angeschaut werden, wie sie beginnen in der Menschheit als »gute Geister« zu wirken und damit verwirklichen, was eigentlich schon den Engeln zukommt. So stellen die Ikonen, die heiligen Bilder der Ostkirche, Johannes den Täufer, den Vorläufer und Wegbereiter Christi, oft als Engel mit Flügeln dar. Er ist der Repräsentant der vorchristlichen Menschheit, aber auch der Bote – *angelos* – des Herrn, der Christus den Weg bereiten soll (Maleachi 3,1). Durch Christus werden die Geister der

Menschen den Geistern der Engel allmählich verwandt. Sie haben teil und Anteil an den himmlischen Hierarchien. Erkennt sich der Mensch daher in seinem Wesen und bekennt er sich als Geschöpf, dann vermag er auch eines Tages Gottes Kind zu werden, mit dem leuchtenden Ziel, der Sohnschaft Gottes teilhaftig zu werden. Zum Geschöpf-Sein des Menschen angesichts des Schöpfers gehört, zu wissen, dass wir als Erkennende auch irren, dass die Wahrheit in ihrer Fülle selten dem Einzelnen erlebbar und erfahrbar ist und als Folge des Irrens Abirrungen vom eigenen wahren Wesen erfolgen, die dadurch auch Abirrungen vom Wesen Christi sind. Wie Petrus, der sich in der Stunde von Caesarea Philippi zu Christus als dem lebendigen Sohn Gottes bekennt, die Stunde der Verleugnung nicht erspart wird, so verleugnet der Mensch der Gegenwart auch dann, wenn er ein »Bekenntnis« hat, täglich. Wo der Wille stark ist, insofern er sich nach außen richtet und im beruflichen Handeln und Arbeiten das Gesicht der Erde grundlegend verändert, erweist er sich als schwach, wenn er nach innen und oben, wenn er Gott zugewandt werden soll. Vor der Stärke Gottes wird die Schwäche des Menschen offenbar.

Im Teil der Wandlung taucht gegen den Abschluss das Motiv auf, dass die betende Gemeinde darum bittet, durch die Kraft Christi die Sünde besiegen zu können.

Wer kennt nicht die Auseinandersetzung und das Ringen, wenn im Menschen ein Trieb, eine Leidenschaft, ein Jähzorn, eine überwältigende Lust mit einem Male eine führende Macht entfaltet. Seelenkämpfe werden dann ausgefochten. Manches Jugendalter ist nach innen gekennzeichnet durch Kämpfe, dem als gut und richtig Erkannten zum Sieg zu verhelfen, und zugleich durch das Erlebnis beschämender Ohnmacht, immer neu der versuchenden Macht zu erliegen. Wie beim Kampf mit dem Drachen nach jedem Abschlagen eines Hauptes ein neues erwächst, so steht der Kämpfende ohnmächtig vor der Erfahrung, dass das Böse stärker ist als er selbst. Er kämpft als Einzelner einen vergeblichen Kampf. Warum?

Schon die Bilder im Alten Testament vom Schöpfungsanfang der Welt berichten uns, dass die Macht der Versuchung übermenschlicher Natur ist. Mit der Erschaffung des Menschen war sie da. Sie begann zu wirken, als er selbst gerade erst ins Dasein trat. Als der Urmensch mit dem empfänglichen Teil seines weiblichen Wesens – der Eva – der Versuchung erlag und die Frucht vom Baum der Erkenntnis pflückte, setzte die Ursünde den Prozess des Falles in Gang. Seitdem fällt die Menschheit. Heute hat man den Eindruck: Sie fällt fast ins Bodenlose – unaufhaltsam. Wissen auf Wissen wird vom Baum der Erkenntnis gepflückt. Nur wenige haben die Reife und die moralische Kraft, mit diesem Wissen zu leben. Ja, schon die ganze Art der Wissensbemächtigung ist so, dass uns die Welt der Wahrheit und die Welt des Wesens wie verstellt ist. Wir sehen nur die Außenseite der Dinge. Ihr Wesen bleibt uns verhüllt.

Bei einem jungen Menschen ist es oft nicht das »Böse an sich«, sondern nur ein durch Neugier und Verführung zu früh erregtes Wissen, mit dem sich dann nicht würdig leben lässt. Die Persönlichkeit ist noch nicht ausgebildet. Sie ist im Prozess der Reifung. Alle Verführungen und Beschleunigungen, die heute üblich sind, stören dieses Reifen. Selbst der Gesetzgeber hat die alte Lebensweisheit vergessen, dass sich das Leben im Sieben-Jahres-Rhythmus entfaltet. Erst um das 21. Jahr herum ist die menschliche Persönlichkeit voll verantwortlich für das, was sie tut. Die Vorverlegung der Mündigkeit auf das 18. Lebensjahr ist einer der Schritte in falscher Richtung, mit denen das verfrühte, nur wissensmäßige Erwachsensein legalisiert wird.

Der Fall aus der lichten Höhe der geistigen Schöpfungswelt in den Bereich der sich verdichtenden Stofflichkeit, der Fall aus dem Urzustand in das Erdensein, wiederholt sich im Kleinen mit der Geburt des Menschen. Aus der vorgeburtlichen Welt wird er in unser Dasein hereingeboren. In der Kindheit spiegelt er die göttliche Unschuld, bis die Vertreibung aus dem Paradies etwa im Reifealter erfolgt. Ist aber die Menschheit im Ganzen durch die Ursünde des Stammelternpaares Adam und Eva in den Fall hereingerissen worden und war die Macht des Versuchers von übermenschlicher Potenz, dann kann auch die Überwindung nur durch eine über den Menschen stehende helfende Kraft erfolgen. Diese Macht ist Christus.

Der Einzelne ist zu schwach, die Sünde zu besiegen. Sie ist das Mittel, wodurch der Versucher den Menschen vom rechten Wege abzubringen sucht. Kämpft der Einzelne mit der Sünde, dann wird er in diesem ermatten und unterliegen, wenn er nicht die helfende Kraft Christi anruft.

Ein abgestürzter Bergsteiger, der im kalten Eis in einer Gletscherspalte liegt, braucht ein Seil und einen Menschen, der ihn heraufzieht. Ein Ertrinkender bedarf des Rettungsringes und eines Menschen, der ihn aus dem verschlingenden Wasser holt. Für den Kampf mit der Sünde gilt die Erfahrung: Kämpfe nicht gegen das Schlechte, sondern wende dich um, stärke das Gute, lasse dir helfen. Unter diesem Aspekt ist das Zusammenkommen von Menschen zur Gemeinsamkeit des Betens in der Gemeinde nichts anderes als die Bereitschaft und der Wille, den Kampf mit der Macht der Sünde nur in Gemeinschaft mit Christus auszutragen. Er hat mit dem Widersacher gekämpft. Er hat die Sünde besiegt. Er hat den Tod überwunden. Durch ihn strömt dem Menschen die Gnade zu, frei zu werden von den Verstrickungen und den Banden, die der Widersacher um den Menschen geschlungen hat. Verdichtet sich durch die Gemeinsamkeit des Betens die Substanz einer Gemeinde, und nimmt sie durch die Wandlungsworte die Wandlungskraft auf und erfährt dadurch die Nähe des Christus, dann ist der Sünde ihre Macht genommen.

Die Wandlung, die wir am Altar vollbringen, wandelt die Gemeinschaft der Menschen zur Gemeinschaft der Christen. Sie bewirkt aber auch die Verwandlung der niederen Natur des Einzelnen zur moralisch-geistigen Höhe seines wahren Wesens. Sie lässt ihn ganz zu sich kommen, wie er in Wahrheit ist, und damit die Nähe Christi erfahren. Paulus, der große Christ der Zeitenwende, spricht dies im Brief an die Galater als das höchste Wandlungsziel aus:

»Ich lebe,
doch nun nicht ich,
sondern Christus lebt in mir.
Denn was ich jetzt lebe im Fleisch,
das lebe ich im Glauben an den Sohn Gottes,
der mich geliebt hat und sich selbst für
mich dargegeben.« (Galater 2,20)

Der vierte Teil des Gottesdienstes wird Kommunion genannt. Er zielt auf die *communio*, die Vereinigung mit Christus hin. Die höchste Sehnsucht des suchenden und betenden Menschen wird in der Kommunion von Leib und Blut Christi in den Gestalten von Brot und Wein erreicht. Mensch und Gott einen sich. Kommt der Mensch im wahren Sinne zu sich, findet er die Mitte und das Urbild alles Menschseins, dann tritt Friede auf. So gehört auch nach der Kommunion des Leibes und der Kommunion des Blutes Christi in den Substanzen von Brot und Wein als dritter Akt die Spendung des Friedensgrußes hinzu. Friede ist auch das Eingangsmotiv dieses letzten großen Schrittes im Gang der heiligen Handlung.

Im Zusammenhang der großen Abschiedsreden Jesu Christi nach dem Johannes-Evangelium vom 13. bis 16. Kapitel spricht der Herr:

»Den Frieden lasse ich euch,
meinen Frieden gebe ich euch.
Nicht gebe ich euch,
wie die Welt gibt.« (Johannes 14,27)

Die Welt gibt Unruhe, Hast, Uneinigkeit, Zweifel und Zwiespalt. Wer sich ganz dieser Welt gibt, verliert sich. Wer sich nur »zerstreut«, kann nicht bei sich und in sich bleiben. Christus schenkt Frieden. Er gibt seinen Frieden. Schon am Anfang des Evangeliums wird bei Lukas geschildert, wie der greise Simeon, zusammen mit der Prophetin Hanna, wie ein Pate und Wächter am Anfang des Lebensweges Jesu steht. Er begegnet im Tempel den Eltern mit dem neugeborenen Kind beim Gang zum Opfer.

In einer inneren, inspirativen Erfahrung hat er schon auf sein Fragen, Suchen und Beten eine Antwort des Geistes erfahren, dass er »den Tod nicht sehen soll, bevor er Christus gesehen habe«. Er sieht und schaut in dem Kind in den Händen der armen Eltern den Herrn der Welt:

»Herr, nun lässest du deinen Diener in Frieden fahren.«

Der Weg des der Frommheit gewidmeten greisen Lebens erreicht sein Tor und Ziel. Vor dem Tod schaut Simeon den Christus im Menschenkind. Frieden schenkt sich, Frieden ist das innere Erlebnis, in dem der alte Mensch Christus begegnet (Lukas 2,25ff.).

Bei der Aussendung der Jünger zu ihrem Heilswerk wird ihnen aufgegeben:

»Wenn ihr in ein Haus kommt, so sprecht zuerst: Friede sei mit diesem Haus« (Lukas 10,5).

Und die geistige Realität verdeutlichend fährt das Evangelium fort:

»Wenn dort ein Sohn des Friedens ist, so wird euer Friede auf ihm ruhen; so aber nicht, so wird sich euer Friede zu euch wenden« (Lukas 10,6).

Dinghaft, substanziell, wie ein erfahrbarer Strom wird der Friede beschrieben, der von einem zum anderen übergeht. Wer kennt nicht die Erfahrung, dass man in der Nähe eines Menschen unruhiger, angstvoller werden kann, ja Furcht und Zittern empfindet – in der Gegenwart eines anderen aber Ruhe erlebt, Sorgen verliert, plötzlich umhüllt ist von der ausstrahlenden Substanz des Friedens?

Nach dem Tod und der Auferstehung Christi wird bei der Begegnung und Erfahrung von Seelen, die

Christus schauen, der »Gruß des Friedens« geradezu zur Anrede:

»Am Abend aber desselben ersten Tages der Woche, da die Jünger versammelt und die Türen verschlossen waren, kam Jesus und trat mitten ein und spricht zu ihnen: Der Friede sei mit euch« (Johannes 20,19ff.).

Schließt der Mensch die Türen der Sinne zur Außenwelt – Augen, Ohren, Mund –, dann mag das Innenerlebnis in der Wesensmitte auftreten, Christus als den Bringer des Friedens österlich zu erleben. An der Substanz des Friedens wird gespürt, dass er naht und nahe ist.

Die Kommunionssphäre der Menschenweihehandlung breitet den Frieden aus. Aber es ist ein Friede, der gegeben ist. Er ist ein Geschenk, er ist Gnade. Er kann eintreten, wenn das Ringen des Menschen, gestärkt durch die Verbundenheit mit Christus, dazu führt, dass er sich freimachen kann von allem, was auf ihm lastet.

Wenn Menschen vom Frieden reden, fordern sie und rüsten. Sie produzieren Waffen auf Waffen bis zur tödlichsten, Menschen vernichtenden Perfektion. Wenn Gott vom Frieden spricht, opfert er sich selbst und stirbt den Tod für andere. Damit erzeugt er Frieden, bewirkt Frieden und ist Frieden.

Die Beichtsphäre ist nun im Gang der Handlung ganz dicht geworden, das neue Sündenbewusstsein ist herangereift zu einer Erkenntnis, dass die Sünde so schwer auf dem Menschen lastet, dass er Selbsterlösung auf keinen Fall, wohl aber Erlösung durch die Frieden stiftende Nähe des Christus erfahren kann. Das setzt allerdings voraus, dass er mit Handeln, Herz und Haupt wirklich die Gottsuche übt.

Beichte und Mitgliedschaft

Oft wird heute die Frage gestellt, ob man nicht als Einzelner Gott in der Natur erfahren könne? Kann ich nicht Christus im Innersten meiner Seele erahnen und suchen? Wozu brauche ich eine Gemeinde? Inwiefern leistet die Gemeinde etwas, das über mich und meine Möglichkeiten hinausführt? Habe ich für mich noch das Zusammensein mit anderen nötig?

Als Paulus vor Damaskus jenes einmalige Christuserlebnis hatte, das ihn bis in die letzten Schichten seines Seins durchdrang, wurde er auserlesen, ein Werkzeug (*skeuos*) des Auferstandenen zu werden (Apostelgeschichte 9,1ff.).[10]

Zunächst wurde er durch Christus als dem Herrn des Schicksals zu Ananias, dem priesterlichen Leiter der Gemeinde in Damaskus, geführt. Dann suchte er die Lebensbeziehung zur christlichen Gemeinde und durch das Sakrament der Taufe wurde er Glied derselben. Schließlich reifte er dazu heran, der größte Gründer christlicher Gemeinden in Kleinasien, Griechenland und Italien zu werden. An Paulus ist abzulesen, dass gerade dann, wenn ein Mensch wirklich von Christus ergriffen wird, sich die Beziehung zu anderen Menschen wesenhaft ändert. Der einzelne Christ wird Christ unter Christen. Die christliche Gemeinschaft nimmt ihn in ein lebendiges Ganzes auf. Durch das lebendige Ganze der Gemeinschaft wirkt der Auferstandene. Durch die Einzelnen und durch die Gemeinden verfolgt Christus seine Evolutionsziele für den Menschen und die Menschheit.

Paulus begründet in seinen Briefen auch die Lehre vom Wesen einer Gemeinde. Er knüpft an den Begriff des Aristoteles vom Organismus an und gebraucht das Bild vom Leibe als eines lebendigen Organismus, der viele Glieder und Teile zu einem höheren Ganzen zusammenfasst.

»Denn wir sind durch einen Geist alle zu einem Leibe getauft, wir seien Juden oder Griechen, Unfreie oder Freie, und sind alle mit einem Geist getränkt ...

Ihr seid aber der Leib Christi und Glieder, ein jeglicher nach seinem Teil« (1. Korinther 12,12ff.).[11]

Die Gemeinden bilden die Leiblichkeit des Auferstandenen. Da er selbst durch den Tod am Kreuz seinen Leib der Erde übergab, verbindet sich der Auferstandene mit seiner Auferstehungsleiblichkeit der Lebenssphäre christlicher Gemeinden. So gibt es Christengemeinschaft in dem Maß, wie Christus-Gemeinschaft dargelebt werden kann, wie die Einwohnung und Durchdringung Christi einer Seele, einer Gemeinde möglich wird.

Wer eine Gemeinde der Christengemeinschaft kennenlernt, wer an ihrem religiösen Leben teilnimmt, wird eines Tages an der Menschenweihehandlung zu einem Erlebnis innerer Wahrheit und Eindeutigkeit kommen. Er wird von selber – oder ganz leise wie damals Paulus – die Verbindung mit der Lebensleiblichkeit einer Gemeinde suchen. Er wächst in den Mitvollzug der Menschenweihehandlung herein und eint sich mit anderen Menschen zu gemeinsamem Tun im Dienst der Welt.

Wenn das Gespräch mit einem verantwortlichen Pfarrer gesucht wird und die Bitte um Aufnahme in die

Gemeinde erfolgt, dann findet darüber ein sorgfältiger Austausch statt. Die Gespräche haben das Ziel, abzutasten, ob der Betreffende aus freiem Entschluss das Leben der Gemeinde als seinen Weg zu Christus erfahren kann. Sie suchen zu erfühlen, inwieweit es ihm möglich ist, an der Verkündigung des Evangeliums so hörend teilzunehmen, dass er von der Sprache des Auferstandenen berührt und erreicht wird. Und schließlich, ob das Bekenntnis der Christengemeinschaft allmählich nach gründlichem Kennenlernen und anfangsweisem Erkennen auch sein Bekenntnis werden kann.

Mit der Aufnahme in die Gemeinde oder in die erste Zeit der Zugehörigkeit zur Gemeinde hinein kann das erste Kennenlernen und Erfahren des Sakramentes der Beichte verbunden sein. Nach einer gründlichen Orientierung über das Sakrament kann in Freiheit und Selbstverantwortung der Wille erwachen, durch das Gebet und durch die Beichte jene Kraft zu erbilden, die im gemeinsamen Vollbringen der Opferfeier hingegeben wird. Die Beichte steht so im Lebensstrom des Menschen wie ein Wehr in einem Fluss, das einen Augenblick den Strom anhält, reinigt und ihn erfrischt und bereichert zu neuem Weiterströmen freigibt. Die Lebensetappen vor dem Eintritt in die Gemeinde können im Licht des Sakramentes angeschaut werden. Die erste nach dem Eintritt kann besprochen werden und die Stärkung für die nächsten Schritte des Menschen sich schenken. Das Mitglied der Gemeinde kennt damit die Beichte aus eigener Erfahrung und erlebt, dass die Erneuerung des Lebens bei keinem der Sakramente so deutlich wird wie gerade bei diesem. Und es kann am Leben der Gemeinde, insbesondere an der Feier der Menschenweihehandlung, in einer freien, festlichen und freudigen Grundstimmung teilnehmen, weil persönliche Fragen und eigene Schicksalsnöte im Raum des Beichtsakramentes ihren inneren Ort gefunden haben. Im Zusammenkommen von Menschen in der Gemeinde aber ist die Kraft frei, im Dienst eines höheren Ganzen, für die Willensziele des Auferstandenen zusammenzuwirken.

Die letzte Beichte – Die Beichte und das Sterben

Die kultische Kunst der Inkas, jenes hochkultivierten Indianervolkes in Peru, das in der Mitte des 16. Jahrhunderts unterging, stellt den Tod eines Menschen dar durch einen Mund. Breite Bänder schließen ihn. Das Atmen und das Sprechen hören im Tode auf. Wie der erste Atemzug und ein Aufschrei das Leben auf der Erde beginnen lässt, so gehört der letzte Atemzug zum Sterben des Menschen. Das Erdenleben nimmt seinen Anfang mit dem Einatmen, es endet mit dem Ausatmen. Dann schließt sich der Mund für immer. Kein Wort kann mehr ausgesprochen werden.

Sich auszusprechen, durch das Wort zu kommunizieren, ist aber ein Urbedürfnis des Menschen. Alles drängt nach Mitteilung. Mit einem anderen Menschen zu teilen, was einen als Ganzes bewegt, auszusprechen was die Seele beschäftigt, bedrängt und bedrückt, erwächst aus diesem Urbedürfnis. Welche Wohltat ist es für einen allmählich und natürlich Sterbenden auf seinem Lager, wenn er ein Ohr dazu findet. Wie gut, wenn ein Angehöriger mit viel Zeit zuhören kann. Schon das einfache Dasein, das Neigen des Ohres, in innerer Bereitschaft zu hören, ist eine Hilfe. Dann stellt sich auch die Stunde ein, wo die Sehnsucht, eine Beichte zu sprechen, erwacht. Mit Gott im Reinen zu sein, ist tiefer Klärungswille des Menschen. Aber auch mit den Mitmenschen

»im Reinen« zu sein, möglichst alles »bereinigt« zu haben, was sich an Problematischem und Schuldhaftem im Laufe des Lebens angestaut haben mag, gehört dazu. Alles drängt zur Äußerung, sucht die letzte Klärung und Klarheit im Wort.

Der Priester, der das Sterben helfend und tröstend begleitet, wird die innere Offenheit und die Sorge für die Seele so empfinden, dass die letzte Beichte stattfinden kann, wenn sie gewollt und frei gesucht wird. Beichte – Beichtsakrament – Abendmahl und Sakrament der Ölung sind die letzten Segenstaten, die ein Erdenleben begleiten. Sie sind der Anfang des »Geleites«, das Geist und Seele über die Schwelle des Todes in das Reich des Auferstandenen leitet und führt. Besteht noch die Kraft dazu, dann wird der Sterbende eine Rückschau auf sein Leben halten wollen. Er wird auszusprechen suchen, welche wichtigen Lebensetappen er durchwandert hat. Möglicherweise wird er schildern, was sich an den Kreuzwegen des Schicksales ereignet hat. Er wird einen Rückblick auf sein Leben üben aus der Sicht dessen, der durch den nahenden Tod einen anderen Maßstab gewinnt. Manches wird er vielleicht noch ordnen wollen. Auch eine letzte Möglichkeit zu verzeihen, ist geschenkt. Auszusprechen, dass auch das einem selbst zugefügte Leid oder die durch andere verursachte erlittene Schuld beigetragen haben zur Reife des Menschentums, mag dann Bedürfnis sein.

Der erste Tod eines Christen, von dem wir wissen, wurde von Stephanus erlitten. Er ist geschildert in der Apostelgeschichte des Lukas im 6. und 7. Kapitel. Als Mann starker Glaubenskraft und voller Geistigkeit wirkte er als Diakon in der Gemeinde in Jerusalem. Als er seinen Gegnern zu geistmächtig wurde, ließen sie ihn nach falscher Anklage verhaften und verhören. In seiner großen Verteidigungsrede vor dem Hohen Rat sprach sich Stephanus zum letzten Male aus. Sinn und Ziel der Mission des jüdischen Volkes sah er im Kommen Jesu Christi. Was er glaubte, erfuhr er im Sterben. Während die Steine der Verfolger seinen Leib zum Niederbrechen zwangen und er kniete, schaute er in die geistige Welt und begegnete dem Auferstandenen; er bat um die Aufnahme seines Geistes in die Welt des Christus: »Herr Jesu, nimm meinen Geist auf!«

Zugleich aber hat Stephanus in dieser Stunde der Christuserfahrung Kraft für die Bitte, dass seine Peiniger und Steiniger nicht unter der Last ihrer Schuld erdrückt werden mögen: »Herr, behalte ihnen diese Sünde nicht!«[12]

Die menschliche Gebärde des Verzeihens, die menschliche Kraft der Vergebung vermag er im Augenblick des Sterbens zu vollbringen. Stephanus denkt im Tod nicht an sich. Er wendet sich denen zu, welche die Schuld auf sich laden, ihn zu steinigen und zu töten. Unter diesen ist Paulus. Liegt hier der innere Anfang der Christwerdung des Paulus, die Keimstunde, aus der Damaskus aufbrechen wird? Das Erfahren des Christus und die Verzeihung der Sünde durch den Diakon Stephanus begleiten Paulus auf seinem weiteren Wege. Vom verborgenen Glanz dieser Sterbestunde fällt ein Lichtstrahl auf jedes Sterben. Der Tod des Stephanus ist urbildhaft der Anfang des christlichen Sterbens überhaupt. Der Tod beginnt seinen Stachel zu verlieren. Der Tod wird überwunden. Beichtsphäre und Vergebungsstimmung umwehen diesen Tod.

Schuld und Vergebung

In der Lebensbeschreibung, die Aurelius Augustinus (354–430 n.Chr.) in seinen »Bekenntnissen« gegeben hat, schildert der große Christ sein bewusstes Erleben von Schuld. Im 16. Lebensjahr war er bei Nacht in einen fremden Garten eingestiegen, um Früchte zu stehlen (*Confessiones* 2. Buch). Dabei ging es ihm weniger um die Frucht als solche, sondern um den Genuss an der Untat. »Ich hatte ja bessere in Menge, die fremden aber schüttelte ich nur, um zu stehlen. Denn kaum waren sie geschüttelt, warf ich sie weg und aß davon nur die Sünde, die aber genoss ich mit Freude, und führte ich mir auch einen Bissen von diesen Birnen zu Munde, so war doch die Würze der Frevel.«

Die genaue seelische Beobachtung führt ihn tief in das Verständnis der seelischen Schicht des Menschen, in der die Lust zur Untat wohnt. Jede Schuld, jede Sünde hat eine Seite, die sie mit dem Verursacher und Täter verbindet. Sie kann anreizen zur Wiederholung und damit der Anfang eines Rutschens auf schiefer Bahn werden. Aber sie kann in ihren Folgen auch so wirken, dass aus der Reue über das Geschehene der Wille zur Änderung und Wandlung erwacht. Dann kann eine Entwicklung eintreten, zu der sogar der »Frevel«, die »Freude an der Sünde«, bewegt und angetrieben haben. Die Sehnsucht zum Ausgleich, der Wille zur Wiedergutmachung wird erweckt. Der moralisch Verantwortliche wird nicht ruhen, bis er die Möglichkeit gefunden hat, den persönlichen Teil im Gang seines Schicksals auszugleichen und zu überwinden.

Was aber bleibt mit den objektiven Folgen der Tat? Was geschieht mit den Auswirkungen einer Tat, die der Mensch subjektiv gar nicht ausgleichen kann, auch dann nicht, wenn er es möchte? Die Äste jenes Birnbaumes, die der Knabe Aurelius brach, bleiben gebrochen. Die Reue über den Diebstahl ruft in der Seele des Augustinus einen Prozess hervor, der sein Leben begleitet und für weite Teile der Christenheit maßgebend wird in der Betrachtung des Problems von Schuld und Sünde.[13] Die objektiven Folgen der Tat betreffen die Birnen, den Ast, den Baum, die Erde. Ein gebrochenes Bäumchen: Wer könnte wiedergutmachen, was im Leben der Natur, was an der Erde geschehen ist? Müsste nicht der Mensch der Schöpfer sein, wenn er zum Ausgleich den Baum ersetzen wollte durch Schaffung eines neuen? Jede Tat des Menschen hat zwei Seiten: Die subjektive betrifft ihn selbst, die objektive trifft die Erde. Und so müssen wir auch die Folgen einer Sünde nach beiden Seiten unterscheiden.

Im 8. Kapitel schildert das Evangelium des Johannes die Szene im Tempel von Jerusalem, bei der Jesus Christus durch die Schriftgelehrten und Pharisäer eine Frau zugeführt bekommt, die beim Ehebruch ergriffen worden war. Nach dem alten Gesetz der zehn Gebote stand seit Moses die Todesstrafe für die Frau durch Steinigung fest. Als sie Jesus fragen, um ihn zu versuchen und eine Falle zu stellen – »Moses aber hat uns im Gesetz geboten, solche zu steinigen, was sagest du?« –, da «bückte sich Jesus nieder und schrieb mit dem Finger auf die Erde. Als sie nun anhielten ihn zu fragen, richtete er sich auf und sprach zu ihnen: Wer von euch ohne Sünde ist, der werfe den ersten Stein auf sie. Und bückte sich wieder nieder und schrieb auf die Erde.«

Zunächst wird bei diesem Ereignis die Haltung des Gesetzes im Sinne der Bergpredigt »Richtet nicht, auf dass ihr nicht gerichtet werdet« (Matthäus 7,1) überwunden. »Wer unter euch ohne Sünde ist, der werfe den ersten Stein auf sie.« Wer den Maßstab in strenger Selbsterkenntnis an sich anlegt, den er kraft seines intellektuell richtenden Denkens an andere zu legen gewohnt ist, wird bald das Verurteilen verlernen. Der Erfahrungsblick auf eigene Schwächen lässt Milde reifen den Schwächen anderer gegenüber. Das Bewusstsein eigener Sündenhaftigkeit wird Verständnis hervorrufen für die Sünden anderer. Die Ältesten damals hatten es verstanden. Sie gingen hinaus, ohne zu verurteilen, und ließen Jesus mit der Frau in der Mitte allein. Sie findet durch die Haltung Christi ihre eigene Mitte.

»Gehe hin und sündige fortan nicht mehr« ist das helfende, erkraftende Wort, das er der Frau auf den weiteren Lebensweg gibt. Ihr Anteil wird sein, nicht mehr zu sündigen, aus der begangenen Sünde zu lernen.

Aber das grandiose Bild des Evangeliums zeigt, wie der objektive Teil dessen, was »gebrochen« ist beim Ehebruch, eingeschrieben wird in die Erde. Die Taten des Menschen sind der Erde und ihrem Lebenstableau eingeschrieben.

Das dreifach gegliederte Bild: Niederbeugen zur Erde – einschreiben in die Erde – wiederaufrichten und sprechen zum Schuldigen verdeutlicht, welchen Weg die objektiven Folgen einer Tat nehmen. Sie werden der Welt einverleibt. Sie sind eingeschrieben in die Erde. Es ist die Hand Jesu Christi – des Herrn des Menschen- und des Erdenschicksals –, die es einschreibt. Nicht aus der strafenden, richtenden und verdammenden Gebärde eines Weltenrichters heraus, sondern in der liebevollen Tat dessen, der sich selbst beugt und selbst auflädt und trägt, was über die Kraft des Menschen geht. »Siehe das Lamm, welches die Sündenlast der Welt trägt« (Johannes 1,29).

Wie aber kommt denn Vergebung zustande? Wie lebt ein Mensch, wenn er den Willen hat zum Schicksalsausgleich auf der persönlichen Seite und die Einsicht erwirbt, dass Christus und die Erde die objektiven Folgewirkungen der Taten, der Schulden und Sünden tragen?

Die Ehebrecherin wurde in die Mitte eines Kreises von Anklägern gestellt. Dann aber stand sie allein gelassen mit Jesus Christus »in der Mitte«.

Wer allein steht, wer in der Mitte zu stehen sucht, wer sich mit Christus in der Mitte seines Wesens zu verbinden sucht, der vermag zu hören, was Christus zu ihm sagt. Das Wort der Vergebung erreicht ihn. Ihm wird durch die Stärkung seines Ichs zugemutet, »hinzugehen«, sein Schicksal zu leben, es verantwortlich zu ergreifen und den gerechten Ausgleich der eigenen Taten im Schicksal zu erwarten. Geradezustehen für das Getane. Indem sich der Mensch mit Christus verbindet, indem er sieht, wie Seine Hand dem Leib der Erde einschreibt, was er durch seine Tat bewirkt hat, wird ihm vergeben. Er fühlt und hat ein Bewusstsein davon, dass Christus jenen Teil trägt, den zu tragen über die Kraft des einzelnen Menschen geht.

Im Sakrament der Beichte sucht der Beichtende diese »Mitte« auf. Er stellt sich in den Erfahrungsraum, in dem Christus gegenwärtig ist und in dem er durch das Sakrament »handelt«. Die Kraft, den persönlichen Anteil einer Sünde zu tragen, wird gespendet und vermittelt, das Bewusstsein, dass Christus den objektiven Anteil verbunden mit dem Leib der Erde trägt, wird erweckt.

Die Folgen einer Tat, die objektiv der Welt zugemutet werden und eingeschrieben sind, sollte sich der Mensch klarmachen. Im Anschauen seiner Handlungen holt er sie durch das Bewusstsein und Aussprechen in ein klärendes Licht. Spricht er sie aus, dann spricht er sie Christus zu. Das Erkennen der eigenen Tat und das Bekennen des Fehlverhaltens schafft einen offenen Zugang zu dem, der die objektiven Folgen der Taten der Menschen trägt. Sinn des Beichtens ist, die Tür zu Christus, der das Weltenwort ist, im Wort zu suchen. Ist Christus durch das Sakrament nahe und gegenwärtig, vermag er kraft seiner Gnade aufzunehmen, was der Beichtende kraft seiner Selbsterkenntnis ausspricht. Der Lyriker Friedrich Hebbel (1813–1863) hat in einem seiner Tagebücher einen Gedanken über die Beichte festgehalten, in dem – obwohl anders formuliert – eben dieser Zusammenhang, diese Wahrheit deutlich hervortritt: »Es liegt in der Beichte ein echt menschliches Element. Eine Tat, bekannt, ist verziehen; das Bekenntnis ist die Satisfikation der beleidigten Idee.«[14]

Wie ist es, wenn es nicht um Schuld und mögliche Vergebung bei dem Einzelnen geht, sondern im Leben der Völker? Die einseitige Zuweisung der Kriegsschuld des Ersten Weltkrieges von 1914–1918 in Versailles hat bittere Folgen gehabt. Wenig bedacht wurde, inwiefern die Kirchen auf allen Seiten noch ihr Denken und

Handeln aus einem alttestamentlichen Gottesbild bestimmten. »Gott mit uns«, stand auf dem Koppelschloss des deutschen Soldaten. Das Bild Gottes war das eines Volksgottes. So konnte es sein, dass ein katholisches Frankreich, ein anglikanisches Großbritannien, ein orthodoxes Russland, ein katholisches Österreich und ein evangelisch-katholisches Deutschland einen vierjährigen Krieg gegeneinander führten – jede Seite beanspruchte Gott für das eigene Volk. Die Bergpredigt spricht jedoch von der Ausweitung der Liebe zu den Gegnern und Feinden (Matthäus 5,44). Nietzsche nennt es die Fernstenliebe.

Geistig stand hinter den Katastrophen des 20. Jahrhunderts aber nicht nur das Versagen der Kirchen, sondern auch das einseitige naturwissenschaftliche Bild vom Menschen. Es ist erschütternd zu sehen, wie aus dem Bereich der Naturwissenschaft und vielfach auch ausgerechnet der Medizin ein Denken hervorgeht, das die ethischen Grundlagen des Christentums durch eine Anschauung vom Menschen als höchstentwickeltes Tier verdrängt und ein Bild von der Vorherrschaft der weißen Rasse erweckt. Damit münden viele Gedanken und Taten in ein Gesamttableau ein, das die Ursachenzone für kriegerische Entladungen und Katastrophen bildet.

So frage sich jeder Einzelne, was er beigetragen oder versäumt hat. Ein Volk tut gut daran, gegen das Vergessen und Verdrängen sich der Taten bewusst zu bleiben, die aus irrigen Ideologien hervorgehen, und die Schuld Einzelner rechtlich zu sühnen.

Das Sakrament der Liebe

Johann Heinrich Voß (1751–1826), der Homers »Ilias« und »Odyssee« übersetzte, hat in seiner Freundschaft und Verehrung zu Goethe eine eigenartige Erfahrung mit der Beichte gemacht. Er berichtet von einem Besuch bei Goethe:

»Bei der Gelegenheit hielt er ein schönes Gespräch über die Vorzüge und Nachteile der Reformation und über die Vorzüge der katholischen und protestantischen Religion. Ich gab ihm vollkommen Recht, wenn er die protestantische Religion beschuldigte, sie hätte dem einzelnen Individuum zu viel zu tragen gegeben. Ehemals konnte eine Gewissenslast durch andere vom Gewissen genommen werden. Jetzt muß sie ein belastetes Gewissen selbst tragen und verliert darüber die Kraft, mit sich selber wieder in Harmonie zu kommen.

›Die Ohrenbeichte‹ sagte er, ›hätte den Menschen nie sollen genommen werden.‹ – Da sprach der Mann ein herrliches wahres Wort aus, wie mir in dem Augenblick recht anschaulich wurde. Ich selbst bin in dem Fall gewesen. Als im vorigen Sommer sich alles vereinte, mich von Weimar weg nach Würzburg ziehen zu wollen, da fand ich nirgends Trost, solange ich auf meinem Zimmer war. Jedes Mal aber, wenn ich zu Goethe kam und ihm mein ganzes Herz, (selbst alle Schwächen meiner Innerlichkeit) wie einem Beichtvater ausschüttete, so ging ich wie mit Mut gekräftigt in meine Einsamkeit zurück und ich werde ihm diese Wohltat an mir mein Leben lang danken. Ich kann wohl sagen, dass mich Goethe in den Tagen wie neu geschaffen hat. Er hat manche Schwächen von mir bei der Gelegenheit erfahren, weil ich ihm auch garnichts verhehlen wollte. Meine Offenheit hat mich hinterdrein auch nicht eine Minute lang gereut. Ich kann im eigentlichsten Sinne sagen, dass mir Goethe alle meine Sünden vergeben hat, oder ich mir selber, dadurch, dass ich sie ihm mitgeteilt habe, und ohne dies Letztere hätte ich mich selber verzehrt. Ja, wären solche Beichtväter nur viele in der Welt, dann wären der gekränkten Herzen weniger.«[15]

Hier wird deutlich, wie sehr die Zuneigung und Liebe zum Menschen, die aus einer reifen Erkenntnis des menschlichen Wesens aufblüht, Goethe die Gnade schenkte, wie ein Beichtvater zu wirken. Auch Caroline Flachsland, Herders Frau, vertraute Goethe in derselben Weise wie Voß. War ihr Mann, der Geistliche Herder verreist, suchte sie Goethe auf und vertraute ihm ihre Sorgen und Nöte an.

Oder für heute gesprochen: Mein Lagerarzt im Bergwerkslager 7323/4 bei Bogorodizk in der damaligen Sowjetunion hat 1948 vielen Gefangenen selbstlos und fast ohne Medikament geholfen: Das Wort war den Verzweifelten ein Heilmittel.

Als er als Frauenarzt in seine große Praxis nach Reutlingen zurückgekehrt war, sagte er in einem Gespräch zu mir: Weit über die Hälfte aller Frauen, die als Patientinnen zu mir kommen, beichten. Alle Lebensfragen und Lebensprobleme muss ich anhören. Eigentlich müsste ich für einen Priester ein zweites Sprechzimmer einrichten zur Entlastung meiner ärztlichen Tätigkeit ...

Wir stimmten jedoch darin überein, dass noch viel geschehen müsse in der Erneuerung des christlich-religiösen Lebens, dass dem Priester das Vertrauen des Seelenarztes zugesprochen würde.

Die Liebe ist die Grundlage des Beichtsakramentes. In ihm verwirklicht sich die Zuwendung des einen zum anderen. Aber das Sakrament selbst steht unter dem Vorzeichen des Christentums der Zukunft, in dem die Liebe zu Gott das Lebenselement der Menschen werden wird. Nicht eine Scheinliebe zum Geist, die den Menschen vom anderen isoliert und in der eisigen Region des Hochmutes vereinsamen lässt, oder die erdflüchtigen Charakter hat und aus den täglichen Aufgaben und Pflichten des Menschen und der Berufswelt hinausführt, sondern eine Gottesliebe, die, immer neu entfacht, genährt, geübt, die Kraft der Herzen dem Geist Gottes so zuwendet, dass er allmählich Mitte des Denkens und Empfindens wird. Wer in der Zuwendung zum Geist an der Substanz der Liebe verlöre, hat noch nicht einen christlichen Weg zum Geist gefunden, auf dem ein Mehr an Geist ein mehr an Liebe hervorbringt. Licht und Wärme sind bei der Sonne eines.

Gott selbst ist Mensch geworden. Das ist die zentrale Botschaft des Christentums. Er hat damit eine neue Menschlichkeit begründet. Die Liebe zu Gott ist nicht losgelöst zu denken von der Zuwendung und Liebe zum anderen Menschen.

Das Sakrament der Beichte hilft dem Einzelnen, über sich selbst schrittweise hinauszuwachsen in jene Liebe zu dem Geist Gottes, als deren Frucht sich auch die Liebe zum Mitmenschen schenkt. Die Kreatur wiederum ist darauf angewiesen, dass der Mensch der Natur nicht als Ausbeuter und Unterwerfer rücksichtslos gegenübersteht, sondern Stein, Pflanze und Tierheit zukommen lässt, was er für sich selbst ersehnt: Liebe.

Als der greise Johannes nach dem Aufschreiben des Johannes-Evangeliums auch die drei Briefe aufzeichnet, kommt ihm der Satz: »Gott ist Liebe, und wer in der Liebe bleibt, der bleibt in Gott und Gott in ihm« (1. Johannesbrief 4,16). Damit ist das Höchste des Christentums ausgesprochen. Das Sakrament der Beichte schließt dieses Ideal und Ziel ein: das Ich des Menschen so zu stärken und zu erkraften, dass es zu einer solchen Liebe fähig wird. Es ist das Sakrament der Zukunft.

Anmerkungen

1 Vgl. Johannes Lenz: Der Gottesdienst für die Kinder. Stuttgart 1982.

2 Darwin (1871), Teil I, S. 148, zitiert nach Joachim Bauer: Prinzip Menschlichkeit: Warum wir von Natur aus kooperieren. Hamburg ^{4}2007.

3 Darwin (1871), Kapitel 1, S. 32, zitiert nach Bauer, a.a.O.

4 A.a.O.: S. 108.

5 Volker Fintelmann (Hrsg.): Carl Gustav Carus, Begründer einer spirituellen Medizin und ihre Bedeutung für das 21. Jahrhundert. Stuttgart 2007.

6 Volker Fintelmann: Intuitive Medizin. Anthroposophische Medizin in der Praxis. Stuttgart ^{5}2007.

7 Johannes Lenz: Die Menschenweihehandlung. Eine Einführung in den neuen Gottesdienst. Stuttgart ^{2}1999.

8 Vgl. Rudolf Frieling und Wilhelm Hoerner: Der Sonntag – eine christliche Tatsache. Wochenbeginn und Kalenderordnung. Stuttgart ^{2}1978; Rudolf Frieling: Gesammelte Schriften zum Alten und Neuen Testament, Bd. I: Studien zum Alten Testament. Stuttgart 1983.

9 Vgl. Hans-Werner Schroeder: Mensch und Engel. Die Wirklichkeit der Hierarchien. Stuttgart ^{5}1999.

10 Johannes Lenz: Die Taten der Apostel. Stuttgart ^{2}2005.

11 Johannes Lenz: Ein Leib und viele Glieder. Stuttgart 2006.

12 Johannes Lenz: Stephanus und Paulus. Stuttgart 2010.

13 Vgl. Dieter Bumiller: Augustinus. Stuttgart 1977.

14 Friedrich Hebbel: Tagebücher Bd. 1. Hamburg 1839, S. 247.

15 Woldemar Freiherr von Biedermann: Goethes Gespräche, Band I. Zürich/Stuttgart 1965, S. 985.

Weitere Schriften von Johannes Lenz zu den Sakramenten

Der Gottesdienst für die Kinder
56 Seiten, kt.
ISBN 978-3-87838-365-9

Die Menschenweihehandlung
Eine Einführung in den neuen Gottesdienst
150 Seiten, kt.
ISBN 978-3-8251-7018-9

Die Taufe
Das Sakrament der Christwerdung
3. Auflage 2002
96 Seiten, kt.
ISBN 978-3-87838-696-4

Die Konfirmation
Von der Kindheit zur Jugend
3. Auflage 2000
88 Seiten, kt.
ISBN 978-3-87838-397-0

Das Ereignis des Todes
Zum Umkreis der Bestattung
124 Seiten, kt.
ISBN 978-3-87838-493-9

Johannes Lenz
Erinnern für die Zukunft
Eine Autobiografie
449 Seiten, 72 Abbildungen,
gebunden mit Schutzumschlag

Die bewegende Biografie eines Zeitzeugen und Weltbürgers: von der Kindheit und Jugend unter dem heraufziehenden Hakenkreuz über die Geschichte einer vierjährigen Odyssee durch russische Gefangenenlager bis hin zum Mitwirken beim Aufbau der Christengemeinschaft in Süddeutschland, der Schweiz und Südamerika.
Von besonderem Reiz sind Lenz' Erinnerungen an Persönlichkeiten wie Heinz Rühmann, Edgar und Michael Ende und Margareta Morgenstern.